AF562500

LETTRE

A SA MAJESTÉ LA REINE RÉGENTE D'ESPAGNE

ET

OBSERVATIONS PATRIOTIQUES

SUR

L'AMNISTIE

ACCORDÉE AUX ESPAGNOLS.

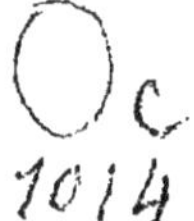

LETTRE

A SA MAJESTÉ LA REINE RÉGENTE D'ESPAGNE

ET

OBSERVATIONS PATRIOTIQUES

SUR

L'AMNISTIE

ACCORDÉE AUX ESPAGNOLS.

Par le colonel S. de ROTALDE.

PARIS,

IMPRIMERIE DE AUGUSTE MIE,

RUE JOQUELET, N° 9, PLACE DE LA BOURSE.

1832.

LETTRE

À SA MAJESTÉ LA REINE RÉGENTE D'ESPAGNE

ET

OBSERVATIONS PATRIOTIQUES

SUR

L'AMNISTIE

ACCORDÉE AUX ESPAGNOLS.

Aussitôt que S. M. la reine régente de l'Espagne eut accordé l'amnistie en faveur des Espagnols compromis dans des affaires politiques, j'ai cru de mon devoir d'adresser à S. M. C. la lettre suivante :

Madame,

Admirateur de tout chef suprême qui s'occupe du bonheur de l'État qu'il est appelé à régir, je me fais un devoir de présenter à V. M.

mes hommages les plus respectueux en retour des généreux sentimens qu'elle vient de faire connaître au monde entier, et qui ont dicté l'amnistie que V. M. offre à ceux qui, jusqu'ici, avaient été désignés comme criminels en matière politique.

Je me rends trop de justice pour penser qu'après les preuves non équivoques que j'ai constamment données de mes opinions *indépendantes*, cette amnistie puisse me concerner, quand même un décret spécial m'appellerait *particulièrement* aux jouissances des bontés de V. M.

Ainsi donc, V. M. ne soupçonnera pas mes intentions dans les félicitations que je lui adresse, et moins encore les observations que j'ose faire sur les suites de cette amnistie, qui peut devenir funeste tout à la fois et à V. M. et à ceux qui en sont l'objet, en trompant ses vues magnanimes.

L'amnistie est dictée par un esprit courageux qui reconnaît la nécessité de poser les premiers fondemens de la régénération de ma patrie; mais, par malheur, cet acte, qui n'a pas été agrandi par l'aveu d'une vérité puissante, place V.M. dans une position difficile, et la perd: Oui, Madame, cette *vérité puissante,* c'est l'innocence des amnistiés, car non seulement ils n'ont commis aucun crime, mais, en rétablissant la constitution de 1812, ils ont au contraire rempli le devoir que leur imposaient leur conscience et l'honneur. Le décret du 4 mai 1814, rendu par le roi époux de V. M. à sa rentrée en Espagne après la guerre *que la nation avait soutenue contre Napoléon*, contenait cette royale promesse : « Je vous jure et je vous promets, » vrais et fidèles Espagnols, en même temps » que je compatis aux maux que vous avez souf- » ferts ; je vous jure et je vous promets que vous » ne serez pas frustrés dans votre noble attente. » Votre souverain met sa gloire à être le roi » d'une nation héroïque, qui par des actions » immortelles s'est acquis l'admiration de tous » les peuples et a conservé sa liberté et sauvé » son honneur. J'*abhorre* et *déteste* le despotis- » me ; les lumières et la civilisation de l'Europe » ne sauraient le tolérer : Néanmoins, pour le

» prévenir autant qu'il est donné à la sagesse » humaine, c'est-à-dire en conservant le *de-* » *corum de la dignité royale* et ses droits (car » elle les a en elle), et quant à ceux qui appar- » nent au peuple, *qui sont également* INVIOLA- » BLES, je m'occuperai avec nos députés d'Es- » pagne et des Indes, *dans nos Cortès* légalement » réunis, etc., etc., etc., de fixer d'une ma- » nière durable et légitime tout ce qui pourra » convenir au bien de mes royaumes... BIENTÔT » aussi on s'occupera de préparer et de régler » ce qui paraitra le plus convenable pour la « *réunion de ces Cortès*, où j'espère que seront » consolidées les bases de la prospérité de mes » sujets qui habitent les deux hémisphères. » La liberté et la sureté réelle et individuelle » seront solidement garanties au moyen de lois » qui, affermissant l'ordre et la tranquillité pu- » blique, laissent à *tous cette liberté salutaire* » qui distingue un gouvernement modéré d'un » gouvernement despotique, et de laquel » le les sujets puissent jouir d'une manière » *imperturbable.* Tous auront égalcment cette

» JUSTE LIBERTÉ de manifester leurs idées par la » voie de l'impression, renfermée dans les limi- » tes que la saine raison prescrit impérieuse- » ment à tous pour qu'elle ne dégénère point en « licence: » — Qu'on ne craigne plus de voir dissi- » per les fonds de l'État, etc., etc., etc. Et les lois » qui à l'avenir devront servir de *règle aux ac-* » *tions de mes sujets*, seront établies du CONSEN- » TEMENT des Cortès, de telle sorte qu'elles puis- » sent être un GAGE certain de mes intentions » royales dans le gouvernement dont je vais me » charger, et qu'elles révèlent à tous non le *des-* » *pote*, le *tyran*, mais seulement le père de » ses sujets. »

Séduite par cette royale promesse et s'appuyant sur une si authentique garantie, la nation, qui était privée de ses lois, *prêta un serment conditionnel au Roi;* mais les conditions ayant été violées ouvertement par le roi, (1) la nation se trouva, au bout de six années, déliée de son ser-

(1) Le roi, au lieu de réunir les Cortès et de donner des lois *justes*, et d'assurer la liberté de ses sujets, rétablit l'inquisition et exerça le plus horrible despotisme, etc., etc., etc.

ment: Ainsi donc, le héros Riego et tous ceux qui, en 1820, l'imitèrent ne furent que trop vertueux dans leur patriotique entreprise ; la constitution fut rétablie, et le roi époux de V. M. la proclama, la jura et en prescrivit l'obéissance : — D'après cela, peut-on regarder comme criminels les fidèles sujets qui suivirent l'exemple de leur roi ? — Non, Madame, aucun constitutionnel ne doit être amnistié : l'amnistie *est un pardon*, (1) et le pardon prouve le crime de celui qui l'accepte.

Je pense donc que la magnanimité de V. M. s'est trouvée restreinte dans les limites spéciales des *circonstances* ; mais je dois faire observer à V. M. que les demi-mesures, dans les crises politiques, ne font qu'empirer le mal : c'est ainsi que l'amnistie de V. M. soulève les esprits des apostoliques, ennemis des rois justes et des peuples civilisés, et qu'en même temps la partie opposante perd de sa force morale lorsque

(1) Dans le dictionnaire de l'Académie on lit : « Amnistie, pardon et oublie. » Je fais cette remarque parce que beaucoup de personnes expliquent amnistie par amitié.

l'on voit rentrer les émigrés comme des criminels qui ne doivent leur pardon qu'à la clémence d'une jeune reine : — Les effets d'un tel acte seront donc contraires aux sages intentions de V. M., si elle ne tranche d'un coup avec courage et fermeté le nœud gordien dont *la solution* donnera à V. M. l'empire des lumières et à l'Espagne la liberté et le bonheur.

Daignez, Madame, accueillir favorablement les conseils d'un patriote expérimenté ; coupez ce nœud mystérieux, et d'un seul coup V. M. en finira avec ses ennemis.

Pour obtenir ce résultat, il faut rendre au peuple les biens nombreux du clergé : ces richesses immenses, ne les ont-ils pas acquises par le droit divin : ces biens sont des vols faits à la société. — 1° Par les donations qu'en avaient faites les Rois, qui prenaient aux Maures (lors de leur expulsion d'Espagne, après sept cents ans de domination) ce que les Maures avaient pris aux Espagnols. Et comme il est évident que le sol espagnol, si je puis m'exprimer ainsi, n'était pas une importation africaine, de là l'injustice d'en faire la confiscation et de donner aux prêtres et aux moines ce qui appartenait réellement au peuple. (1) — 2. Leurs richesses ont été acquises par des clauses testamentaires arrachées au riche dans son lit de mort au moyen de visions infernales, des menaces et des suggestions des prêtres (2).

V. M. voit par là que les biens du clergé sont la légitime propriété du peuple, dépouillé de toutes les manières; ils doivent donc retourner au peuple, et ainsi cesseront l'insolence et le pouvoir du clergé, possesseur des quatre septièmes du territoire de l'Espagne.

Peut-être les conseillers timides de V. M. lui feront-ils craindre une conspiration de la part du clergé: cette crainte est vaine, parce que le peu-

(1) Quand les Africains firent la conquête de l'Espagne, ils s'emparèrent des propriétés de ses habitans; lors de leur expulsion il devint difficile de reconnaître à quelles familles appartenaient de droit les terres reconquises, parce qu'elles s'étaient confondues entre les mains du peuple; de là donc la justice de répartir entre tous les terres que la générosité et la piété mal entendues des rois avaient données à l'église.

(2) Le roi Ferdinand VII lui-même a déclaré l'illégitimité des clauses testamentaires, puisque, par un décret du conseil, il les a déclarées nulles à l'avenir.

ple, qui trouve un avantage à la réforme, ne se fera point égorger pour défendre les usurpations apostoliques. — Croyez-moi, Reine juste, les Espagnols béniront la main qui brisera la chaîne qui les opprime, et le clergé lui-même sera obligé de renoncer à ses criminelles prétentions, et se trouvera heureux de rétablir la vraie religion de Jésus-Christ, qui fut le modèle de la pauvreté, de la modération, de l'indulgence et du libéralisme. (1)

On a fait accroire sans doute à V. M. que dans la réunion des anciennes cortès du royaume (2) on délibérait sur des mesures si importantes. Gardez-vous bien, Madame, d'ajouter foi à une

(1) Cette vérité fut reconnue en 1820, parce que le peuple, croyant qu'avec la restauration de la constitution, on allait lui rendre les biens usurpés par le clergé, méprisa les suggestions ecclésiastiques, au point qu'on remarqua même qu'ils ne se rendait qu'en petit nombre aux églises; mais une fois que les Cortès eurent ordonné la vente de ces biens au profit de l'Etat, le peuple se déclara contre la constitution.

(1) Les Cortès par *estamentos* sont composées des députés des trois classes de l'Etat, c'est-à-dire du clergé, des grands d'Espagne ou nobles, et des riches propriétaires : le peuple n'a pas d'autres représentans que les députés élus dans les villes qui ont droit de vote dans les Cortès : mais ces députés sont élus dans les mairies, parmi les membres mêmes (regidores) qui les composent.

telle assertion : l'exécution d'une telle pratique coûterait la vie à V. M., par la raison que dans les discussions de ces cortès, composés la plus grande partie des députés du clergé et des gens à priviléges, on ira jusqu'au point de stigmatiser les sages mesures et les projets de V. M. — Après quoi V. M. n'aura plus qu'à descendre du trône, et l'Espagne verra se renouveler pour elle les temps barbares.

Des sentimens patriotiques ont seuls dicté cet écrit.

Je prie V. M. d'agréer les sentimens du profond respect avec le quel,

Madame,

J'ai l'honneur d'être de V. M.

le très-humble serviteur,

NICOLAS DE SANTIAGO Y DE ROTALDE.

Paris, le 4 novembre 1832.

Considérant que, d'après l'acte, d'amnistie je devais m'adresser à l'ambassadeur d'Espagne à Paris pour faire parvenir à S. M. C. ma lettre, je la lui remis avec une lettre officielle par laquelle je priais S. E. de lui donner la direction convenable. L'ambassadeur me renvoya non-seulement ma lettre à S. M., mais, ce qui fut plus étonnant, la lettre à lui adressée, disant qu'il ne pouvait pas s'en charger. Qu'on juge de mon extrême surprise lorsque, quatre jours après (le 12 novembre), j'ai vu (dans le journal la Quotidienne, organe de l'ambassade d'Espagne,) les fragmens de ma lettre à la reine régente de l'Espagne attribués, au moyen d'une criminelle altération du texte, à tous les émigrés que ce journal *suppose* avoir signé ladite adresse. Les réflexions dont le rédacteur a jugé à propos de la faire précéder n'ont évidemment pour but que d'attirer sur eux le mépris public et de les compromettre vis-à-vis du gouvernement Espagnol.

Persuadé que de ma lettre à la reine d'Espage on avait forgé ou figuré ladite adresse, le regardai comme un devoir sacré de déjouer cette infâme tactique dont la Quotidienne n'était peut-être que l'agent indirect.

Ayant sur-le-champ rédigé un article assez *modéré* pour ne pas trouver de difficulté à l'insertion dans les journaux de cette capitale, je me flattai de combattre le faux du correspondant de la Quotidienne, et de démontrer à la France avec quelle perfidie on avait supprimé les passages essentiels, principal objet de ma lettre à S. M. C.

En vain ai-je réclamé des différens journaux indépendans l'insertion de mon article, tous m'ont démontré les inconvéniens d'entrer dans une discussion qui devait susciter une interminable correspondance a l'insertion de laquelle les affaires intérieures de la France ne laissent que peu d'espace dans les journaux. On me conseilla de publier une brochure où il serait plus aisé de donner tous les détails et les explications de cette affaire. M'étant conformé à cette opinion, le *National* publia une note dans laquelle il démontra en peu de lignes que j'avais été tout-à-fait étranger à l'adresse insérée dans la Quotidienne, déclaration qui fut suffisante pour faire connaître à mes compatriotes la transformation de ma lettre à S. M. C. par des gens qu'on trouve toujours lorsqu'il s'agit de compromettre les défenseurs de la liberté, de quelque pays qu'ils soient.

Raisons qui ont motivé ma lettre à la reine régente d'Espagne.

La mort apparente du roi d'Espagne et les intrigues de la cour qui éclatèrent alors firent sur l'esprit de la reine une impression si forte, qu'elle reconnut dans quelle mauvaise position elle et sa fille se trouveraient si un jour le roi son époux venait à mourir sans avoir anéanti le parti apostolique, qui désire le règne de Don Carlos, comme essentiellement nécessaire à la destruction des lumières, au triomphe de leurs criminels principes de monopole, de terrorisme et de dépravation sociale.

Dans cet état, de bons et fidèles conseillers

lui firent sentir la nécessité de replier autour du trône la partie anti-apostolique, et à cet effet on dicta l'amnistie que S. M. la reine accorda à ceux qui étaient compromis pour des causes politiques.—Dès lors, j'avais vu dans cette amnistie une mesure prise dans l'intérêt personnel de la reine et de sa fille plutôt qu'un acte de changement politique de système : mais trouvant héroïque le courage de S. M. la reine, je m'empressai de lui adresser mes observations pour empêcher, s'il était possible, que les intentions magnanimes de S. M. ne fussent paralysées. — Mais, vain espoir, les explications publiées par le ministre de S. M. furent données avant qu'aucune demande des émigrés ne fût arrivée à S. M. Elles détruisirent en entier la sécurité offerte aux amnistiés. —

Voici la traduction de l'ordre transmis par don Joseph de Cafranga au gouverneur du conseil de Castille, et publié dans la *Gazette de Madrid* du 1er novembre 1832.

Pour que le décret d'amnistie rendu par la reine notre maîtresse, le 15 de ce mois, reçoive son entier accomplissement, et afin d'éviter les difficultés qui pourraient s'élever devant les tribunaux et autres autorités chargées de son exécution, S. M. a daigné, d'accord avec la volonté souveraine du roi notre maître, ordonner l'observation des règles suivantes.

1° Tous les émigrés et exilés pour motifs politiques sont libres de rentrer dans leurs foyers, pour y recouvrer leurs biens, et y reprendre l'exercice de leur profession ou de leur industrie, la jouissance de leurs titres et honneurs, sous la protection assurée des lois.

2° Ce décret n'entend pas leur restituer les places et traitemens dont ils jouissaient au moment des convulsions dans lesquelles ils ont été pris; mais il les déclare aptes, comme les autres Espagnols, à solliciter et obtenir tout emploi que le gouvernement espagnol les considérera dignes de remplir.

3° Personne ne sera traduit en cause pour crime de trahison commis avant le 15 de ce mois, quoique déjà l'acte d'accusation en ait été dressé.

4° Il sera sursis dès cet instant à tous les procès de trahison encore pendans, et les accusés seront mis en liberté.

5° Les sentences prononcées avant la date du décret, qui n'auraient pas été mises à exécution, restent sans effet, et ne pourront être rappelées en justice ni hors justice, si ce n'est seulement en cas de récidive : en conséquence, cessent les condamnations qui s'exécutent en vertu de tels jugemens, les biens séquestrés en suite de ces procès seront rendus aux accusés, et les frais occasionnés par les procédures desdites affaires, et au paiement desquels on n'aurait pas satisfait, ne seront pas exigés.

6° Les jugemens de purifications cessent, et les affaires encore pendantes sont déclarées terminées en faveur des intéressés.

7° Cette amnistie couvre d'un oubli éternel tous les crimes de trahison (mais non d'autres), quelle qu'ait été leur dénomination.

8° Sont exceptés de cette royale détermination ceux qui ont voté la déchéance du roi à Séville, et ceux qui ont commandé des forces armées contre sa souveraineté, conformément à la teneur du même décret.

Par ordre de S. M., je communique le présent à V. E., pour son intelligence et celle du conseil, et afin qu'elle prenne les dispositions nécessaires à sa publication et à son exécution.

Dieu garde etc., etc.

Madrid, 30 octobre 1832.

JOSEPH DE CAFRANGA.

On voit à la simple lecture de ce décret qu'aucun émigré ne peut rentrer en Espagne sans être exposé à subir un jugement qui lui coûte la vie ou au moins le condamne aux galères. — On le comprend à la précision avec laquelle il est spécifié dans l'article 7 que *l'amnistie couvre d'un oubli éternel tous les crimes de trahison* (*mais non d'autres*), *quelle qu'ait été leur dénomination*. Et qui est celui des émigrés qui n'a pas appartenu aux sociétés secrètes, tenu des propos irréligieux ou agi contre les intérêts du clergé? Ces délits ne sont pas des délits de trahison, et dès-lors on peut poursuivre les individus appelés par l'amnistie!!! —D'autres émigrés ont, dans une guerre légale en 1821, 1822 ou 1823, tué des gens de l'armée de la foi. Ils seront jugés comme des assassins, puisque l'assassin n'est pas criminel de trahison, seul délit amnistié!!! Quelques uns ont été percepteurs ou employés des finances.... Leurs comptes, suspendus par l'exil, exigeront une révision, et on traduira devant les tribunaux, comme voleurs, les amnistiés pour délit de trahison!!! — Enfin les hommes de lettres, les rédacteurs de journaux seront accusés de plusieurs crimes qui n'ont aucun rapport avec la trahison, et l'amnistie n'aura été pour eux qu'un piége pour les rendre sourds et muets jusqu'à la mort!!!

C'est ainsi que les effets de l'amnistie sont funestes aux amnistiés, et je pense que S. M. la reine d'Espagne est actuellement dans un plus grand danger que celui où elle était avant l'acte de sa clémence. — Le clergé est puissant et possède l'art de l'intrigue et de la séduction. — Qui sait à quel point il a conduit la révolution fanatique! — Peut-être se flatte-t-on de réunir au saint siége de Rome le riche et fertile royaume d'Espagne!!!

Oui, le clergé, dirigé par la politique astucieuse des jésuites, se prépare depuis longtemps à l'exécution d'un projet qui doit remettre le pouvoir des nations ainsi que les droits et les possessions des trônes entre les mains du pape. A une certaine époque, les indulgences... les bulles... les fausses décrétales... et les excommunications étaient les armes redoutables du saint siége, mais aujourd'hui que les lumières de la civilisation ont dissipé les ténèbres de la superstition, on imagine d'avoir recours à la force physique des hommes pour en imposer au monde : et de ce que les états du pape ont peu d'étendue et sont à la merci de l'Autriche ou de la France, on a jeté les yeux sur l'Espagne, qui, par sa position topographique, et sa richesse territoriale que possède le clergé, est le royaume le plus propre à fonder les bases d'un empire apostolique (1). L'expulsion des jésuites n'eut pas d'autres raisons que cette vérité et la crainte qu'inspiraient aux rois leurs trames secrètes. Le clergé de l'Espagne, suivant le plan des jésuites expulsés, a toujours excité la discorde entre les citoyens pour se rendre utile, arriver au pouvoir, et atteindre son but caché. Déjà, du temps de la guerre contre Napoléon et en l'absence de la famille royale, *captive*, il intrigua jusqu'à placer deux fois comme régens du royaume l'évêque d'Orense et le cardinal de Tolède ; et si les Cortès ne s'étaient pas ouvertement prononcés pour l'affranchissement de la nation, un concile se serait tenu en Espagne sous prétexte des réformes de discipline ecclésiastique.

A la rentrée de Ferdinand VII le clergé, toujours persévérant dans son plan machiavélique, fit rétablir l'inquisition et aurait obtenu la réunion d'un concile avec présence du pape, si

(1) Aujourd'hui le clergé, possesseur de la plus grande partie du sol espagnol, appuie la domination de Rome apostolique sur l'Espagne.

le général Castaños, après les cent jours de Napoléon, n'avait pas découvert le plan de l'Autriche, qui approchait ses armées des frontières de la Catalogne pour lui susciter des troubles, chasser Ferdinand et forcer à une transaction, c'est-à-dire s'emparer des états du pape et lui donner la souveraineté de l'Espagne. J'ai entre les mains des pièces qui prouvent ces projets de l'Autriche, et si le roi d'Espagne le veut et me délie du serment, je publierai le rapport que je fis à S. M., par ordre du général Castaños, dans le conseil d'état où je fus appelé par ordre de S. M., le quel rapport eut pour résultat le traité de Paris et l'évacuation des grandes armées de l'Autriche et de la Russie.

Ces documens feront suffisamment valoir, je le pense, les motifs qui m'ont poussé à donner à la reine de patriotiques conseils. — Les gens sensés y trouveront, je l'espère, des fondemens aux craintes que me fait éprouver une amnistie sans garanties, et exposée aux passions des hommes qni entourent le trône.

Telles sont les raisons des craintes que me font concevoir et la position critique de S. M. la reine régente et les dangers imminens de la nation et des individus que l'amnistie rappelle : en conséquence il ne me reste plus quà démontrer la nullité de cet acte de clémence de S. M. Pour en présenter les preuves, il me suffit de rappeler l'attention du public sur l'impossibilité de donner aucune garantie à ce décret royal, qui peut être annulé aussi aisément qu'il a été rendu. La reine elle-même ne peut se garantir du parti apostolique; comment pourrait-elle empêcher que le roi, son époux, annulât les actes de sa régence? Pourra-t-elle réunir les cortès et donner une nouvelle forme au gouvernement? Non, elle ne le peut pas du vivant du roi.

Qu'on lise le décret suivant que S. M. Ferdinand signa le 21 avril 1825, : « ...... J'ai « appris avec la plus profonde douleur qu'on « répand insidieusement des bruits sinistres sur

« ce que l'on doit me conseiller ou m'obliger « de faire des réformes dans mon gouvernement « et d'altérer ses lois fondamentales antiques « et révérées, en limitant mon autorité royale. « Détruire entièrement des bruits aussi mali- « cieux que criminels, est à la fois un devoir et « un plaisir pour moi. Je déclare, en consé- « quence, que j'ai résolu de conserver intacts, « et dans toute leur plénitude, les droits légi- « times de ma souveraineté, sans en céder ni « maintenant, *ni dans l'avenir*, la moindre par- « tie, ni de permettre qu'il s'établisse des cham- « bres ou autres institutions contraires à nos « coutumes et à nos lois. »

« Je déclare également que j'ai pris une réso- « lution *invariable* et ferme de conserver et « de faire respecter les lois, sans tolérer aucun « abus, sans permettre que l'*intrigue* ou la « *violence* prennent la place de la justice, et « sans souffrir que sous *apparence* ou *prétexte* « de dévouement à ma personne royale, ou de « respect pour mon *autorité suprême*, l'on

« ÉCHAPPE AU CHATIMENT que l'on aurait encouru « par l'*insubordination* ou par la *désobéis-* « *sance.* »

Signé de la main du roi.

Contre-signé par DON FRANCISCO

DE ZEA BERMUDEZ.

On voit bien que, d'après ce décret, il est impossible à la reine régente d'apporter aucun changement au système despotique du gouvernement d'Espagne; le décret suivant que vient de rendre S. M. en est une preuve :

« Depuis que le roi, mon époux bien-aimé m'a appelée, par son décret du 6 octobre de cette année, à prendre part au gouvernement de la monarchie, pour que ma coopération lui donnât quelque soulagement dans l'expédition des affaires publiques, et que sa santé délabrée ne se perdît pas entièrement, j'ai cherché à remplir les devoirs que m'imposaient d'un côté cette confiance, de l'autre le lien qui m'unit à sa personne sacrée, le bonheur de mes filles, et surtout les avantages qui résultent pour la cause publique, que le gouvernement s'avance majestueusement vers la prospérité et la grandeur, guidé par la même main qui a travaillé à le retirer de l'engourdissement dans lequel l'avaient plongé le génie du mal, la partialité et l'ignorance; dès ce moment, je le répète, je n'ai cessé, jour et nuit, de travailler à réaliser de si flatteuses espérances, soutenue par l'impartialité, la justice et le profond amour que je porte à une nation à laquelle je me glorifie d'appartenir, quoique je ne sois pas née dans son sein.

« Oui, Espagnols, moi aussi je suis Espagnole, par origine, par choix et par amour! Que n'entreprendra donc pas votre reine pour vous faire jouir de la plus grande félicité? Je ne suis séduite ni par le desir de la récompense ni même par celui de la reconnaissance, mon amour pour les Espagnols n'a pas un but intéressé; il provient de la reconnaissance que j'éprouve pour la piété héroïque avec laquelle, prosternés devant le trône de l'Éternel, vous avez imploré son secours divin pour la vie du roi, du père de mes filles. Oui, le magnanime tableau que m'ont présenté vos soupirs, vos larmes, vos mains élevées vers le ciel, priant pour la santé du roi, m'a intéressé au point de ne vouloir me reposer avant d'avoir obtenu les mesures signalées qui ont été publiées, et celles qui seront publiées plus tard comme propres à cicatriser les plaies, qui, dues à des causes étrangères, ont affaibli le corps de l'état. J'ai pris part, sans doute, à ces sages mesures, mais au fond elles ne m'appartiennent pas, elles appartiennent au roi, par conséquent, quand la nation en célèbre la justice, quand les hommes sages les bénissent, que les veuves et les orphelins se confondent en louanges, et que tous baisent la planche de salut qui les a sauvés du naufrage; il n'est pas facile de croire que quelques personnes soient assez aveugles pour repousser de si grands bienfaits, et préférer au bien présent les espérances chimériques d'un avenir incertain. Et quelles peuvent être ces espérances? Qui serait assez hardi pour ne pas craindre qu'un roi qui vient de pardonner aux fautes de la faiblesse, ne saisisse pas l'épée de la justice pour châtier avec sévérité des crimes prémédités? Qui sera assez audacieux pour se croire au-dessus de la loi? Elle châtie sans passion; elle ne voit que l'énormité du délit, et non pas les personnes. Plus les hommes doivent à la société, plus elle déteste ceux qui brisent les liens qui les unissent, et il en est quelques uns si forts, qu'on ne saurait imaginer sans horreur qu'on puisse y renoncer.

« Oui, Espagnols, lisez vos anciens codes, les lois des Goths, les conciles depuis celui de Constance; lisez les monumens de votre gloire, de votre noblesse héréditaire, de votre fidélité, et vous y verrez les prières les plus ferventes pour la conservation des rois, et les malédictions les plus horribles contre ceux qui tentent de rompre les obligations les plus consolantes et les plus sacrées. Sachez donc que si quelqu'un repoussait ces admonitions maternelles et pacifiques, et n'employait tous ses efforts pour parvenir au but qu'elles annoncent, la hache déjà levée tombera sur sa tête. Quel que soit le conspirateur ou ses complices, ceci s'adresse à ceux qui oseraient appeler ou engageraient des imprudens à appeler un gouvernement autre que la monarchie seule et pure, sous la douce égide de son souverain, le très-haut, très-excellent et très-puissant roi, le seigneur Ferdinand VII, mon auguste époux, tel qu'il l'a reçu de ses ancêtres. »

(Signé de la main royale le 15 novembre.)

Le style, les formes humbles, de cette déclaration et les assurances qui y sont données pour l'avenir, ne peuvent la faire considérer que comme une *amende honorable* suggérée à S. M. la reine régente par le parti apostolique. Malheureuse reine! Elle cède à un pouvoir supérieur à celui du trône!!! Et après cela, qui est celui qui puisse encore nourrir des espérances, et croire à l'établissement d'un gouvernement représentatif ou modéré en Espagne? Et sans un frein au *bon plaisir du monarque*, quelle foi peut-on avoir aux amnisties? Non : la vraie amnistie doit être garantie par des lois invariables et par un pouvoir libre et indépendant de toute influence de parti. Et l'Espagne a-t-elle des lois répressives du pouvoir arbitraire? A-t-elle davantage de l'indépendance? C'est à répondre à ces deux questions que devront s'attacher ceux qui voudront réfuter cet opuscule.

En attendant, j'espère que la France n'oubliera pas la grave responsabilité qui pèse sur elle depuis l'injuste guerre qu'elle fit à l'Espagne constitutionnelle, et que, dans des circonstances aussi critiques, elle n'abandonnera point les émigrés, et ne les privera pas de leurs moyens d'existence afin de les obliger ainsi à rentrer en Espagne pour y être immolés sur l'autel de la patrie.

Oh! France! sois juste, et répare le mal fait aux hommes qui n'ont commis d'autre crime que de vouloir goûter le doux fruit de la liberté!!!

www.ingramcontent.com/pod-product-compliance
Lightning Source LLC
LaVergne TN
LVHW020252230826
846091LV00006B/2373